BORIS E MARINA

ALBERTO MARTINS

Boris e Marina

COMPANHIA DAS LETRAS

Grafia atualizada segundo o Acordo Ortográfico da Língua Portuguesa de 1990, que entrou em vigor no Brasil em 2009.

Capa e imagem
Kiko Farkas | Máquina Estúdio

Preparação
Silvia Massimini Felix

Revisão
Jane Pessoa
Marina Nogueira

Uma parte significativa deste livro foi escrita e reescrita durante uma residência literária na Fundação Bogliasco, em Bogliasco, Itália, em fevereiro/março de 2017, à qual o autor agradece.

Dados Internacionais de Catalogação na Publicação (CIP)
(Câmara Brasileira do Livro, SP, Brasil)

Martins, Alberto
Boris e Marina / Alberto Martins. — 1ª ed. — São Paulo : Companhia das Letras, 2025.

ISBN 978-85-359-3961-3

1. Poesia brasileira I. Título.

25-278783 CDD-B869.1

Índice para catálogo sistemático:
1. Poesia : Literatura brasileira B869.1

Cibele Maria Dias – Bibliotecária – CRB-8/9427

EDITORA SCHWARCZ S.A.
Rua Bandeira Paulista, 702, cj. 32
04532-002 — São Paulo — SP
Telefone: (11) 3707-3500
www.companhiadasletras.com.br
www.blogdacompanhia.com.br
facebook.com/companhiadasletras
instagram.com/companhiadasletras
x.com/cialetras

Sumário

Nota do autor

Em maio de 1926, os poetas Marina Tsvetáieva, com 34 anos, autoexilada na cidadezinha litorânea de Saint-Gilles-sur-Vie, na França; Boris Pasternak, com 36, morando em Moscou, na Rússia; e Rainer Maria Rilke, que completara cinquenta no ano anterior e vivia em Valmont, na Suíça, iniciaram uma correspondência que em poucos dias passou das conversas em torno de literatura às mais exaltadas declarações de amor.

Os poemas deste livro começaram a ser escritos uma década atrás, sob o impacto da leitura dessas cartas. Mais tarde, foram organizados em sequências nas quais se alternam as vozes desses poetas, de modo que cada fragmento pode ser lido também como parte de um movimento maior. O rodapé de cada página registra a voz que está falando e, em alguns casos, rubricas no alto, à direita, contextualizam a ação.

Não se deve esperar de *Boris e Marina* nem versos nem verdades que correspondam às figuras reais de Tsvetáieva, Rilke, Pasternak (ou Tomek, o poeta exilado que conversa com Marina numa das seções do livro) — todos aqui pura invenção —, mas tão só uma tentativa de experimentar a intensidade das paixões que vieram à tona naquele verão de 1926.

AM

UM

para Boris, com insônia e primavera

Depois da nossa conversa
fiquei pensando nas coisas que dissemos
e noutras que, não ditas
você me fez compreender: este amor
para mim é primavera, para você
(por causa de Zênia e do menino)
tem gosto de beco e promessa sem futuro.
Se é assim, não devemos dar um passo.
Só posso dançar na mais alta música.
Quanto ao dia a dia, acato suas palavras.
Se a vida nos deu uma alegria tão rara
onde a ilha? onde a praia?
Nesse ponto defendo o amor altivo —
ou compro tudo no atacado
ou me guardo.
Porém mal escrevo estas linhas
já me pego pensando o contrário.
O coração cria seu próprio tempo.
Só agora começo a entender onde fica
e que forma tem esse órgão vermelho
que não para de roncar.
No meu caso, além do labirinto
de câmaras muros pátios
descobri que tem a forma retorcida
das presas de um porco selvagem

que passa as noites esburacando a terra
em busca de tubérculos e diamantes.
Pura fumaça! Quando eu morrer
vão encontrar no meu sangue
doses maciças de um elemento químico
desconhecido — é seu nome, Boris
que não para de saltar nas minhas veias.

Moscou às seis da tarde

Boris faz planos para o verão

preso a uma janela
e à minha mesa de trabalho
imagino seu rosto, Marina
debruçado sobre o papel, escrevendo.
Vejo seu rosto, mas não ouço sua voz
trancada numa cidade estrangeira
à prova de sons.
Sem áudio, seu rosto se transforma
e se afasta. Corro atrás dele
tento trazê-lo de volta — impossível.
Esse é o pesadelo recorrente, Marina.
Quando acordo, recalculo a distância
entre Saint-Gilles na costa da França
e este apartamento da Úlitsa Volkhonka.
São 3980 quilômetros de estradas
que os meus pés percorrem em três sílabas
e já me vejo a caminho
senão neste, no próximo verão
(ainda não desisti de nossa visita a Rilke).
Depois escrevo seu nome, risco
escrevo de novo. Deve haver um ritmo
escondido no seu rosto, na dobra
dos lábios, na curva dos cílios
no ossinho atrás do pescoço.
Faço uma pausa. Engulo

duas maçãs. A manhã continua travada
até que num raio chega sua carta
e o som da natureza penetra
meu quarto morto.
Assim começa meu dia — rasgado
de cima a baixo por suas palavras.
Sim, tenho meu trabalho.
Ele me alegra por algumas horas
e no final do expediente sou livre.
Moscou tem muitos bares.
Posso abandonar esta mesa e caminhar
noventa quadras. Não adianta.
Às seis da tarde tenho ganas de uivar
ladrar, roubar todas as bolsas
e pendurá-las de cabeça para baixo
na mais alta ponte
//   //   /   // /
/   //   /   /   ////
/   /// /   /   //   // /
/ //   /   /   //   / /
//   /   //   /   ///
/   ///   /   //   /
////   /   //   ///   /
mas justo nessa hora seu rosto
surge das águas do Moskvá, misturado
ao rosto de todas as moscovitas
que conversam nas esquinas — e sinto
que amo esta cidade
cada centímetro de suas pedras
porque você caminhou entre elas

e simultaneamente a detesto
porque fica tão longe de Saint-Gilles
 \\   \\   \   \\ \
\   \   \\   \   \   \\\\
 \\ \   \\\ \   \   \\   \\ \
\ \\   \\\   \   \\   \ \
  \\   \   \ \   \   \\\
\ /   \\\   \   \\   \
 \\\\   \   \\ \\\   \
Atordoado, saio em disparada.
Troco a cidade pelo mato.
No pasto, sou um cavalo — cada erva
que mastigo traz você dissolvida
na química do seu talo.
(Saiba, minha amiga: se um dia
decidir ganhar dinheiro
coisa que não te comove
basta anunciar numa tabuleta
MARINA TSVETÁIEVA HIPNOTISMOS
que até a barata do Kremlin
tombará de joelhos sob os seus raios.)
Indisposto, volto para casa.
Acendo o carvão, destampo a vodca
e puxo assunto com o cacto
que me espera na cabeceira.
A conversa vara a madrugada
e sinto raiva de ser tão ignorante
em matéria de botânica.
Estou grávido, Marina
de uma flor que não sei qual é

nem como se trata, mas
prometo regá-la e carregá-la
por você, por Moscou, pela Via Láctea
durante todo o verão.

comunicado à praça

Marina põe um anúncio no jornal

Quem tiver uma cadeira extra
ou armário sem traças, favor escrever
para Marina Ivánovna Tsvetáieva
escritora exilada atualmente ocupando
uma casa sem número na avenida da praia
em Saint-Gilles-sur-Vie, província de Vendée
esquina da França com o oceano Atlântico.
Também aceito bules, xícaras, pratos de sopa
buquês de flores que não peçam muita água.
Porém nada de gato, cachorro, passarinho —
afetariam os dons de bruxaria
que no momento pratico a distância
com Boris Pasternak e Rainer Maria Rilke.
O luxo, supremo luxo, seria: uma lanterna
para leituras e caminhadas noturnas
um vestido novo para Ália, uma viagem
de ida e volta a Moscou, com escalas
em Roma, Copenhague e Combray.
Não telefone. Não toque a campainha.
Mande tudo por trem, eu pego na estação.

as laranjas

Marina se dispõe a dividir seu arsenal

Partilho o pedal e o selim da bicicleta.
Partilho as canetas e os cadernos que perco pelo caminho.
Partilharia, se pudesse, todo o material genético
das minhas aristocráticas raízes polonesas —
mas a poeta Marina Tsvetáieva
só vai partilhar estas laranjas
quando Boris e Rainer deitarem na sua cama.

à beira-mar

Cavalo preto, cavalo branco.
Adoro o vento, ele nunca obedece.

faxina

De todos os tecidos que possuo
meu preferido é um retalho de algodão cru
que uso para esfregar o chão.
Quando estou alegre (mas também quando estou triste)
eu o arrasto pela casa, depois bato na janela
só para ver a poeira voar.
Ela vai na frente, eu sigo atrás.

cena de infância

Marina, a praia e sua mãe

Buracos cavados na areia.
Grandes caramujos brancos
que recolho no avental.

Raiva. Ela se aproxima.
Traz uma panela nos braços. É enorme.
Ela me assusta mais do que o mar.

Mãe, por que choram os caramujos?

Ela abre a tampa e ri:
Porque ferventados, depois fritos
na manteiga e no alho
são absolutamente divinos.

Desde então, asco profundo
dos utensílios de cozinha.

parte do mundo

Sua beleza é parte do mundo.
Como as azeitonas, as alcaparras, as ovas
dos esturjões, os caramujos, as moreias
as gaivotas, os linguados e as cerejas
que copulam no mar Negro —
sua beleza é parte do mundo.
No inverno ela voa para outros lugares
e numa estação de metrô abandonada
mendigos são espancados por fascistas.
Ninguém recolhe os feridos.
Na primavera você retorna
com um novo par de sandálias
e um carrinho de rolimã.
Sua beleza não salvará o mundo
porém as pedras a reconhecem
e as esquinas cantam outra vez.

poema com maiúsculas

Boris manda um recado

Sua nostalgia, Marina, não vem das Montanhas
nem do murmúrio da Água nas flores
mas do fogo — do fogo e da Dança
que transformam a Carne das coisas
em Música.

Para que ocupar o Palácio de Inverno
matar a família, esvaziar os Hospícios
cavar Túneis com as mãos?
para que limpar as Feridas, exterminar parasitas
ensinar o Alfabeto a quem de fato precisa
se não para refundar a Alegria
e dançar outra vez sobre a Terra?

Esta a razão da sua Nostalgia —
e o que ela arranca de Verdade das coisas
do Coração último das coisas, da alma múltipla
das Coisas, eu guardo
como só um Camelo guardaria
o último copo d'água do Universo.

telepatia

— e quando uma pele nova brotar
ao redor do focinho e um tufo de pelos
anunciar a troca de estação

você poderá me escrever longos poemas, Marina
vou carregá-los numa sacola na altura
do ombro esquerdo

com a mesma obstinação com que Kliébnikov
carregava seus cálculos matemáticos
nas trincheiras

seus poemas vão perfurar meu anoraque
e pelas ruas vão dizer
lá vai o doido do Pasternak

acampado na varanda

I

desconcertada e discretamente feliz
— assim eu te imagino, Marina
pelas ruas de Saint-Gilles.
Você que um dia me disse:
Eu não adoro o mar. Não consigo.
Tanto espaço e não se pode caminhar.
Na contramão das suas palavras
é sempre numa cidade à beira-mar
que te adivinho. Hoje, por exemplo:
debaixo de um céu sem brisa
você caminha pela rua da praia
empurrando uma bicicleta enferrujada —
rodas bambas no chão de pedra
enquanto sonha o próximo poema.

II

apesar da primavera, o dia
amanheceu feio e encoberto.
Para me vingar, recito Arquíloco:
Ninguém sabe a cor dos dias que Zeus traz.
Lembro que uma vez você escreveu:
O mar se parece demais com o amor.
Eu não amo o amor. (Esperar e esperar
isso é tudo que ele provoca em mim.)
Amo a amizade, a montanha.
Aqui em Moscou
não há mares nem montanhas.
Só me resta sair de casa
varar os subúrbios, mirar morros
invisíveis e lá de cima me atirar
nos grandes blocos de gelo
que passam na correnteza —
vai que um pedacinho de iceberg
me leva até a Europa
e te alcança onde você estiver:
aflita na fila do mercado
ou debruçada na varanda sobre um livro
chorando arrependida
das labutas da maternidade.

Seja como for
agarre essa pedra de gelo
e ouça o que ela diz —
em algum momento, Marina
você vai ter fome. Se a cozinha
estiver deserta, se não encontrar
nem um cogumelo na despensa
vá até o boteco da esquina —
cante, dance, implore.
Você merece refeições fartas.
Não seja mesquinha.

III

liberdade, Marina
é um estado de passagem
por isso sigo seu rastro pelas ruas
para ver o que os seus olhos viram
e descobrir na mureta de um canal
nas pedras do calçamento
o ponto exato em que você parou
apoiou o pé no chão e repartiu
numa cidade que é livre e bela
o peso da sua bicicleta

IV

o peso da sua bicicleta
o ouro da sua bicicleta

V

às vezes basta um
risco, um cisco, um fósforo
qualquer, um franzir de cílios
para que a alegria estale
como pólvora nos ouvidos
no fundo do bolso, na aba
dum casaco, debaixo do guarda
chuva, dentro das calças
das meias, no estojo dos óculos
e na ponta deste lápis que já
perdeu as contas tantos
cálculos fez para encontrar
a rua em que você dorme
nessa cidade onde o céu
não para de crescer

VI

acampado na varanda
eu te espero, Marina
com reservas de café
tabaco vodca balas de goma
tenho papel e lápis
um lampião de querosene
e na primeira licença
vou comprar vinho figos partituras
quantas forem necessárias
para saciar seu apetite de música

aqui o espaço é uma trincheira
mas a poesia o multiplica
quando não há disparos
caminho rente às estrelas
o chão está coberto de estilhaços
as pedras brilham que nem mercúrio
e debaixo da terra
fervilha a vida invisível
de lebres lontras toupeiras
milhares de pequenas criaturas
que se acasalam em segredo

eu olho a grama negra
ela sonha nos meus bolsos

bicicletas, cilindros, canções

Boris liga o rádio e ouve
as suítes para violoncelo de Bach

I

Bicicleta, violoncelo. Confesso:
eu não estava preparado para ouvir
de perto esse seu ronco áspero.
O arco rente à costela, rasgando
de alto a baixo os meus joelhos
a boca, a garganta, os tornozelos
feito lamento de baleia ferida
ou orca abandonada que procura
no meio do oceano uma toca
um cardume, um companheiro. Mais nada.

II

Eu desconhecia a voz
desse instrumento que é quase só
madeira, crina, tripa, arco e vento.
Se fosse um ronco, uma tosse
Marina, eu saberia — mas não
esse soco de onda crispada
batendo nas costas, no peito
na raiz do esqueleto, até arrancar
um som que é quase eu, quase você
quase o mundo, quase sei lá o quê.

III

Eu não entendia o ar, a temperatura.
O zumbido das abelhas lá dentro.
As laranjas rolando no telhado e os armazéns
sujos de amoras, mirtilos, framboesas.
Porém agora o arco e as cravelhas
estão tortos, violoncelo.
O aro da bicicleta, enferrujado.
Nenhuma tábua, nenhum acorde.
O tempo está atrasado com o tempo
e a primavera — em descompasso.

IV

Dentro de você, caixa vermelha, sei de cor
o que me aguarda — esquinas fatiadas
pelo sol, estrada enlameada de verão
amêndoas comidas na calçada e um temporal
que nos deixou loucos mas livres.
Bicicletas, cilindros, canções.

a caixa vermelha

Boris se despede da música

Abro em silêncio esta caixa
e me despeço: adeus madeira vermelha.
Adeus cordas, adeus vareta. Adeus arco e talão do arco.
Adeus tampo, adeus braço, adeus pestana.
Adeus cravelha e caixa de cravelhas. Adeus voluta.
Adeus cavalete, espigão, estandarte.

Crinas, adeus.

bulbos

Marina, afinidades

Gengibre, alho, cebola.
Tudo o que cresce dentro da terra
de olhos fechados — e à luz da pia
quando picado, pica.

três cartas quase secas

1

Em poucas palavras:
não imagino a vida a seu lado.
Não suporto a repetição infinita
do pano de chão, da peça
de roupa, da louça na pia
e a tortura contínua das refeições.
Não nasci para o cotidiano.
Nasci para o transe.
Minha casa é uma estação de trem.
É o que digo aos amigos:
não contem demais com o meu amor.
Por isso, Boris, te concedo mais tempo:
para que você decida como prefere morrer.
Última coisa: não quero que te enterrem.
Quero que te queimem.

2

Peço desculpas, Boris
pela secura da última carta
mas tenho meu código de honra.
Não posso dourar palavras
como se douram cebolas.
As duas fazem chorar
mas terminam aí as coincidências.
Na cozinha, minha única destreza
é descascar, pelar, cortar, picar.
Ponho os legumes na panela
e esqueço de apagar o fogo.
No fundo, só posso dar de comer
à minha própria fome e
ela não se sacia com comida.

3

De agora em diante
vou te escrever menos e fumar
um pouco mais. Não sei por quê
mas o papel é um cavalo —
fica bêbado com a tinta da caneta
e sorve sem trégua essa mistura
de sangue e noz de galha.
Dá para ouvir os ecos
no longo pescoço equino
de cílios verde-prata e crina
que me faz chorar.
Pescoço, cílios, crina.
São esses os meus companheiros.
Por isso não estranhe, Boris
se um dia você der comigo
debaixo da sua janela
montada numa égua albina.
Ela vara a madrugada, mergulha
o focinho na água dos charcos
e fecha o meu corpo
com um discreto xale de neblina.

DOIS

as sílabas e os nomes

Marina recorda

As sílabas — belas maçãs vermelhas —
mordo feito criança feroz.
E viva a marca dos dentes na pele.

O sabor mora na língua, mora
nos lábios, mora na maçã mordida
que esplende na minha mão.

Quando criança me chamavam Mússia.
Porém tão logo saíam da boca
as sílabas despencavam no chão.

Eu não chorava. Já eram minhas
a boneca de porcelana e a estátua
de Púchkin na avenida Tverskáia.
Por que precisaria de um nome?

Ele vivia trancado no quarto —
pelicano empalhado.
Bastou um verão, Boris
para Marina ganhar asas.

oráculo

Marina e a areia

O mar grita nas pedras
e as gaivotas zombam do meu esforço
para cantar na língua francesa.
Mas o que querem as gaivotas?

Afundo os dedos na areia grossa
e sinto as lasquinhas da crosta terrestre
rolando de um lado para o outro
nas mãos espalmadas — são migalhas

de pedras pretas, cinza, ocre.
Partículas de extintos vulcões.
Todo um arco de cores
para o qual não tenho vocabulário.

Esfrego as palmas, depois com cuidado
fecho as mãos em concha e chacoalho.
Agora entendo o que as gaivotas falam —
estrago, estrago, estrago.

bilhete de primavera

por aqui o limão-rosa
parou de crescer e mirra nos galhos
à sua espera

dois exílios

Marina e sua filha Ália
na hora do jantar

Deitadas no chão da sala
estudamos os ruídos do tráfego.
Vagões de carga atravessam as paredes
e trincam os últimos pratos no armário.
Já me desfiz de metade da vida.
Quem vai leiloar o resto?

———

no dia seguinte

Descobri na vizinhança
um novo parque de diversões.
Como não temos dinheiro, Ália e eu
costumamos visitá-lo de manhã cedo
quando está vazio, o chão coberto
pela sujeira alegre da noite anterior.
No fim do passeio nos espera o carrossel
— um paliteiro de animais fantasiados.
No meio deles ruge seu *bonjour*
um leão enferrujado.

linha d'água

Gosto de ir ao mercado contemplar
não a crueldade dos homens
mas a dos peixes:

todas as escaramuças que empregam
para manter escondido esse arsenal
de mandíbulas, barbatanas
e incríveis prolongamentos dorsais

Pensar que tudo isso se move sem parar
abaixo da linha d'água

inventário

Não sei avaliar os meus tesouros.
Meu senso de propriedade limita-se
a este caderno. O resto é casca —
pode ser jogado fora.

Excesso de imaginação, insuficiência de lógica.
Qualquer médico barato assinaria esse atestado.
Guardo meus poemas numa lata
à espera da próxima Grande Fome.

a lebre e a coruja

Boris perambula por Moscou

Você é uma lebre inquieta e clara:
o que deixa para trás é no máximo
um tufo de pelos.

Eu era um cavalo, mas agora
sou uma coruja seca de asas estiradas
sobrevoando quarteirões
que desconheço
—
ruas escuras, prédios-ruínas
pontilhões pendurados no vazio.

Exceto por algumas salas
esta sempre foi uma cidade pobre.
Então por que tamanha violência?

estação Kazanski

I

Do parapeito da minha janela, Moscou
não é tão grande como parece nos mapas.
Desço até a calçada, contorno a muralha
do Kremlin, rasgo dezenas de quadras
e entro na estação Kazanski.
Num quiosque tomo café
com uma senhora que espalha boatos
sobre as areias do Cazaquistão.
Vozes explodem nos alto-falantes.
Xícaras tremem nos pratos.
Por todo lado explodem revoltas.
Vespas na fumaça — passageiros se atropelam
enquanto minha cabeça empilha
desatinos e viagens.

II

Na plataforma imunda
avança a equipe de limpeza.
São todas mulheres — ajoelhadas
resmungam em voz baixa.
Não há alegria no trabalho.
Por que deveria haver?
Não há alegria no trabalho
por obrigação: objetos perdidos
são mais livres do que elas —
caídos no vão entre dois bancos
ou jogados no fim do corredor
aproveitam a viagem para mudar
de mãos. Livros bolsas relógios
e uma flecha de plástico
fincada num velho cachorro alazão.

III

Seria loucura, Marina
tomar esta noite um trem
para o fim do mundo
tipo Tchékhov em Sacalina?
Seria loucura, Marina
trocar o café por heroína
e esvaziar num gole só
todo o álcool de um destino?

Olho os dorsos cálidos e negros
das locomotivas nos desvios.

Era uma vez um rapaz
que sonhava com Leningrado
mas subiu no vagão errado
e foi parar em Irkutsk
enquanto sua namorada
— bela moça de Minsk —
perdeu-se por acaso
nas vias férreas de Helsinque.

IV

Dou mais um gole no café.
Tento ler as tabuletas.
Mas as letras se misturam
e martelam na cabeça:

deve haver uma outra vida
Boris Leonidovitch
sem trilhos nem linhas retas
só curvas aventuras —
coração, água secreta

deve haver uma outra vida
Boris Leonidovitch
— ouve o barulho da festa? —
mais livre, mais bonita
e bem menos indigesta

deve haver uma outra vida
Boris Leonidovitch
acima ou abaixo desta —
lá o amor é a verdade, e o resto
são noites de tempesta.

V

Madrugada fora da estação.
No meio da Tchernovskáia
tiro os sapatos —
o chão está coberto de agulhas
bitucas de cigarro, cacos
de vidro e metal.
Não importa. Saio pisando o céu:
essa enorme poça de vodca.

baterias assaltos madrugadas

Boris topa com mendigos

inchados de bebida
espalham seus andrajos
pelas ruas — são os últimos
marujos de um navio
que partiu em 17
Quebra-Gelo da Revolução

assim como eles, Marina
meu coração delira
baterias assaltos madrugadas
mas o inimigo afiou as garras
e a sorte não está mais
do nosso lado

fim de ano

caio de infinitas calçadas
num filme que nunca termina

de repente numa esquina

Boris recebe um aviso

um esqueleto pisa meu estômago —
por entre os dentes da caveira
murmura:

Pasternak, levas uma vida de araque
nesta cidade de Moscou
cem dias sem pregar o olho
fizeram de ti uma cadela magra —
agora bate em retirada
antes que eu te vare com meu garfo

TRÊS

diante de uma fotografia

Marina conversa com o retrato de Boris

Esse ar de cavalo mongol
às voltas com uma estrela
ou aurora boreal
que não desembarca nunca

é o que me tritura e alucina
eu e você —
heróis desastrados
nessa hospedaria

chamada NOSSO TEMPO
que rifa poetas
como poeira

(tudo isso é tão
fora de propósito
eu não deveria verter
uma lágrima)

coágulo

uma lágrima é preta, outra
quase prata — por mais que as filtre
e separe, é como dizia Rilke:
o leite neste mundo sempre talha

taiga

quando a rajada do amor acaba, não dou
meia-volta, não estendo a mão, não beijo a testa
não redijo apelos, não retiro o passe
não peço reembolso

calada, bendigo a viagem
na mais alta voz — amar é um trenó
mesmo deserta sigo em frente
ágil, mortalmente só

e se a taiga e o desespero
baixam sobre mim num cobertor
ainda resta uma esperança —
a última rodada de licor

e ensaio calvários, dramas sacros
horríveis melopeias da História Universal
quem, no fim das contas, vai pro céu?
quem há de ficar, de estertor em estertor?

rápida, recolho a palha, ajeito o ninho
nem me incomodam os morcegos
enquanto o fogo cresce, crepita
eu me deito na terra — e escrevo

lagartas

Hoje vi um batalhão de lagartas na calçada.
Moviam-se todas ao mesmo tempo.
Escondida atrás de um poste, eu as estudei
por vários minutos — eram verde-escuras
cheias de filamentos, e mal dava
para distinguir as cabeças das caudas.
Havia uma eletricidade no ar.
Estavam dispostas a qualquer sacrifício.

uma noite nos polos

Marina não consegue
pegar no sono

meus pés tocam a Antártida
a cabeça o círculo Ártico
esse Quebra-Gelo
quer dar a volta ao mundo dentro do meu quarto

de olhos abertos escuto
sua proa enferrujada rasgando
as paredes de um iceberg
atrás do armário

no escuro invento nomes
para improváveis acidentes
geográficos
—
Enseada dos Estreitos
Península dos Cabos

como se um nome
ou uma corda
pudessem me salvar da noite em claro

zumbidos

Marina encosta o ouvido no espelho

cinza e prata — casco de cavalo
cinza e prata — areia molhada
cinza e prata — besouro da voz
cinza e prata — ouvido que fala

:

diga a palavra, Marina, diga
água que corre, pedra que rasga, diga a palavra
e sua voz ficará guardada para sempre —
zumbido de abelha dentro da lata

———

a lata

depois de erguê-la no ar
esfreguei sua boca na terra
a areia verteu sangue o bastante
para uma ilíada e várias odisseias

praga

Marina invoca os poderes

Por meio desta, Marina Tsvetáieva
implora ao deus mais azedo
que salte do Orco

e envie os zangões mais terríveis
para acabar de vez com os cilindros
os pedais

e tudo o mais que possa alegrar
nesta ou noutras encarnações
Boris, esse enxerido

tambores

anotação encontrada
no bolso de uma jaqueta

Boris
não me envie mais
sinais de fumaça
nem sons
de improváveis tambores
sacudindo a terra
no meio da noite

não me interessa
reencenar pela milésima vez
o drama da poeta no exílio
afogada num pote
com lágrimas de ostra

basta, chispa, kaput
suma daqui!

QUATRO

amuleto

Boris viaja para o sul
em busca de terras quentes

contra os prognósticos
contra as expectativas
contra os ministérios
e as bulas da medicina

contra os dogmas
contra a tolice
contra o idiota que trazemos em nós
na ressaca perpétua destes dias

levo escondida no bolso
a tarântula da alegria

a íris, o sino

Boris topa com
um livro de Chico Alvim

busco em poetas futuros
coisas que por um momento
me aproximam de você:

os ossos do seu rosto
a claridade sombria desta tarde
a tristeza escorrendo da íris como se fosse uma água clara

— sim —
o corpo é um sino ouvindo
e repetindo a paisagem

o que é o que é

de olhos fechados
tem a forma de um sonho
de olhos abertos
tem a forma de um sonho

hein

quanta luz cabe no mundo
quantas alturas
quantos timbres despenhadeiros
quantos surdos marrecas tamborins
quantas pancadas
quantas renovadas sovas de pancadas
quantas ocorrências submarinas
q u a n t o s i n f i n i t o s d e s l i z a m e n t o s
que nunca alcançam a luz do dia
quantas ilhas
quantas jazidas
quanta ventura
quantas tabacarias e florais de Bach
quanto tormento
quantos cigarros
quanta alegria

— e para quê?

dois sonhos

I

A casa ficava no alto da ladeira
sobre o mar. Lá embaixo, a costa era alegre
e brava. Descer até a praia, no meio das pedras
e das plantas espinhudas, mas floridas —
uma alegria sem fim.

A rua — de terra — tinha à esquerda dois grandes
portões de madeira, barrando a entrada.
Do lado de fora, uma escada e
um pé de limão-rosa.

Eu passava por lá a cada quinze dias.
Mas, depois que ela partiu, as abelhas
se foram — o mar escureceu — o limoeiro
nunca mais deu flor.

No tronco, um espírito de porco deixou
gravadas, de cabeça para baixo, feito maldição
as quatro letras da palavra

∀ƧCO

II

A mesa está ao ar livre.

Estendo a toalha e começo a espalhar pratos copos talheres
embora aparentemente não haja o que beber ou comer.
Você está sentada a uma distância gramaticalmente correta.
Não sei sobre o que os convidados conversam.

De repente — como se fosse um parêntese no meio
de uma frase — você recolhe as pernas
ajeita-as no banco e beija demoradamente
a palma da minha mão direita.

Ninguém diz nada.
Mas eu sei que debaixo da toalha está escrito
....
.... *é recíproco.*

S.O.S.

ponha o seu pescoço no correio
prazo de entrega — quinze dias
nada mais

preciso entender como circula
nas diferentes condições de umidade e temperatura
a energia em seus canais

estão em jogo o futuro da nação
suas reservas de ouro petróleo diamante
gás

ponha o seu pescoço no correio
prazo de entrega — quinze dias
nada mais

canção do encantador de serpentes

um dia vou morder
o seu pescoço, vou chupar
o esmalte dos seus dentes

na areia quente do Quirguistão
me embebedar de baba de camelo
provar da faísca dos seus joelhos

para acabar de vez com o monopólio
dos seus peitos, subir no mais alto
minarete e entoar com o muezim:

agora sim, Marina — agora sim

canção de ninar

Boris muda o pronome possessivo

teu mamilo
meu camelo
como cuidá-lo
como bebê-lo

teu desabrigo
meu desassossego
como amansá-lo
como absorvê-lo

teu cavalo
meu morcego
como pastá-lo
como como contê-lo

teu leite
meu bezerro
tua lã
meu novelo

como amarrá-lo
como ordenhá-lo
teu descanso
meu desvelo

CINCO

as abóboras

sonho com as grandes abóboras
que crescem ao sol
nas planícies verdejantes
às margens do mar Negro

dizem que cada gomo
sustenta famílias inteiras
e uma lasquinha de sua casca
engorda manadas de porcos

dizem que na abóbada reluzente do céu
há uma abóbora desabotoada
em plena noite

não dizem mas eu sei
é a brava abóbora transparente
que se abre uma vez
a cada século

*   *   *   *   *   *
  *   *   *   *   *
*   *   *   *   *   *

mentira
abóbora que é abóbora
está sempre aberta

* * * * * *
* * * * *
* * * * * *

ao peregrino
que penetra em reverência
no recinto das abóboras

((( )))

ando por campos de abóbora ao luar
e nos ouvidos ressoa a cantilena das abóboras

((( )))

murmúrio abóbora marina
abóboras marinas abóboras
marinhas abóboras marítimas
em progressão infinita

((( )))

estar perto da abóbora
estar na iminência da abóbora
sentir-se em casa com a abóbora
sentir-se em casa dentro e fora da abóbora
andar na rua e na abóbora
de boca aberta cantar a abóbora
de boca fechada decantar a abóbora
a abóbora e o precipício estrelado das abóboras
a abóbora e o impulso definitivo para a abóbora
na abordagem da abóbora
aproximar-se da abóbora simultaneamente
pelo centro e pelas bordas
no limite ser a abóbora, ser da abóbora
abobadar-se para a abóbora
rastejar no chão e na abóbora
juntar-se às lesmas aos caramujos aos insetos minúsculos
para explorar pacientemente
a crosta terráquea da abóbora
a seda terrosa da abóbora
depois sonhar com a lunar face oculta
abrir a abóbora
cavar a abóbora
içar velas na abóbora
ter sido um dia o avô e a avó da abóbora
pôr pólvora na abóbora

deixar a abóbora em polvorosa
pensar na abóbora vinte e quatro horas por segundo
seguir a abóbora ao mercado e na consulta ao dentista
em segredo rezar para a abóbora
cuidar das cobras que pode haver na abóbora
aboletar-se cedinho na varanda para presenciar o
[amanhecer da abóbora
levar a abóbora para um passeio na ilha
esquecer o nome e o lugar da ilha
lembrar apenas da abóbora
visitar um eclipse com a abóbora
conhecer a cratera de um vulcão com a abóbora
atravessar a cordilheira numa carruagem de vidro com a
[abóbora
amar a abóbora acima de todas as bobagens
e ainda que destinado a bater de frente com o astro negro
que por vezes cruza o destino das abóboras
ignorar deliberadamente o astro negro
e celebrar as bodas com a abóbora
numa igrejinha do século XII em Gravedona
lá gravar o murmúrio da abóbora
o vaivém das águas dentro da abóbora
no escuro flagrar a luminescência da abóbora
esquiva como o iaque
pura como a lágrima
rica como o esterco dos cavalos
no tempo em que os cavalos eram reis

((( )))

um dia, Marina, você me encontrará
caído por terra a alma pisada
por sonhos quadrúpedes
por ancas quadrúpedes
meu corpo comido de uvas
bebido de abelhas
atravessado de abóboras

SEIS

ele, ela

Marina inventa uma fábula

Ele tinha um balde. Ela tinha lido vários livros.
Ele achava que entrar no rio, mergulhar o balde
e verter a água do rio no próprio rio
era o ato mais importante da sua vida.

Ela não acreditava que um ato
fosse mais importante do que outro
mas gostava que lhe contassem histórias
sobre atos desimportantes ou não.

Ela lia depressa, mas esquecia o que lia
mais depressa ainda.
Para contar a ele selecionou uma passagem
de um autor inglês e traduziu:

"Somente alguém que tenha visto um campo de batalha pode imaginar a completa indiferença das estrelas sobre o corpo do pastor esparramado no chão. É para fazer frente a essa indiferença que os homens procuram o amor."

Depois anotou num caderno:

Tomar chá pode ser uma forma de reza.
Reza é uma forma de sexo.
Sexo é um dos modos do rio.

sempre admirei os esquimós

amontoados em iglus
besuntados com óleo de baleia
roçam os umbigos uns
contra os outros

emprestam os maridos
e as esposas a qualquer viajante
solitário — só para aquecer
sua noite no Ártico

enrolada em mantas de urso
nutrida com manteiga de foca
eu também passaria a eternidade
brincando nesses buracos de gelo

paisagem para Boris

paredões de rocha bruta, flores
que madrugam na vertente fria da montanha
um curso d'água, areia clara, cascas de bétula —

e o desejo de escalar um oceano

a primeira matança da estação

Ando bêbada de nostalgia.
Eu tantas vezes
tonta estúpida arrogante
mas nunca sentimental —
ando bêbada de nostalgia.
Por quê?
Azares do exílio francês
explica Tomek, o emigrado.
Não me convence.

Depois de cinco meses
escondida num buraco na neve
mamãe ursa sai da toca e cheira o sol.
Durante o inverno queimou
toda a gordura para saciar os filhotes.
Agora precisa comer.

Eu não dei nenhuma cria este ano
mas sei muito bem o que significa
amamentar um ursinho.
Eu que peso quatrocentos quilos
devo ser sutil
como uma farpa no gelo —

ninguém escapa

Na parede do meu quarto, projeto a sua imagem
como num filme — as mãos em carne viva
as botas furadas e na boca, apesar do frio, um sorriso.
Você luta com os fósforos para acender a lamparina.

Do lado de fora há montanhas de neve, gelo
compacto e profundo. Uma estrada surge, desaparece.
O filme se dissolve em neblina. No lusco-fusco
um urso-branco te persegue há vários dias.

SETE

apetrechos

procuro um machado —

e ossos pedras alma floresta
qualquer coisa que eu possa
partir em pedaços

no que se refere às árvores

as de casca grossa
marrom-escura ou cinza-prata
com marcas de musgo, insetos
ferrugem

nas quais posso enfiar os dedos
pelas rachaduras do tronco
e sair de lá com o aroma rubro
da resina

árvores que resistem
árvores que fornecem tinta

à espera dos animais

a caminho da Sibéria
Boris para numa encruzilhada

à espera do grou siberiano
de volta do seu périplo pelo Ártico
à espera do cervo almiscarado
com olhos de coelho e dentes de vampiro
à espera das renas andarilhas
que marcham até setenta quilômetros por dia
à espera dos lobos
à espera do lobo cinzento e à espera
do lobo de pelagem castanho-dourada
à espera do urso-pardo
à espera das moscas d'água
à espera do íbex siberiano
e do grande carneiro montês
à espera das salamandras
que sobrevivem a trinta graus abaixo de zero
à espera do mergulhão
à espera do pato de olho dourado
à espera da foca de água doce do lago Baikal
à espera dos corvos
à espera dos javalis
à espera da gazela persa e dos cavalos de Iacútia

rumo a Iacútia

quero me transformar num animal hirsuto
desses que carregam nas costas
grossas mantas de pelo e de gordura

e, quando chegar a Iacútia, incinerar
o perfume das flores, o zumbido das libélulas
o deslizar dos pêssegos para o mel

quero esburacar a terra como faziam os mamutes
um minuto antes de morrer — cravar as presas no chão
e arrancar, uma por uma, cada árvore pela raiz

encontro com o alce

Boris tem visões

I

a penugem-musgo que cresce nos chifres do alce
as baforadas de fumaça em torno da cabeça do alce
a pata delicada do alce, a língua labiríntica do alce
a inconstância do alce, a fome de alfaces do alce
o furor engessado do alce, a figura ridícula do alce
o cadáver sem graça do alce, a anca esquerda e a costela
[direita do alce
o osso da clavícula do alce, a unha torta do alce
o interminável suplício do alce, a mesmice monocórdica
[do alce
a mala sem alça do alce, a doença de pele do alce
a honra e a desonra do alce, as fobias do alce
a letra F do alce, o capacete de imbecil usado pelo alce
os mosquitos em torno do alce, os dentes podres do alce
a mastigação cruzada do alce, o cinismo do alce
a mesquinharia arraigada na natureza do alce
o cansaço mortífero do alce, a alegria trepidante do alce
a força-rinoceronte do alce, a velhice prematura do alce
a gagueira do alce, o terror do alce diante do não alce
o serviço secreto dos alces, a discrição e a indiscrição do alce
quando caminha na cidade desconhecida dos alces
a embaixada diplomática dos alces
os conflitos de fronteira entre os alces

o estúpido disfarce do alce, o chá de cadeira do alce
a ausência de cedilha na vida do alce, a carnificina
(um sonho) do alce, o acelerado batimento do alce
o contrabando de órgãos do alce, a história da arte dos alces
a inacreditável pantomima do alce, o gemido do alce
o racionamento de comida para os alces
os mergulhos submarinos do alce, as vertigens do alce
o céu da boca do alce, a bexiga do alce
o cogumelo roxo que cresce no estômago do alce

II

face a face com o alce, mirar
o alce de frente, cansar o alce de tanto
mirá-lo de frente, caçar o alce sem espingarda
sem dardo envenenado, sem armadilhas
aproximar-se desarmado do alce
passar um laço em torno do pescoço do alce
amar o alce, amarrar o alce, despedaçar o alce
fazer o alce em pedaços, cozinhar certos pedaços
reservar outros para mais tarde
cavar uma fossa para o alce, inventar cerimônias
para uso exclusivo seu e do alce
traçar um círculo em torno do alce, emitir sinais
para os outros caçadores, deixar claro
que aquele alce é seu, você o caçou
nada de zombarias, nada de maus-olhados
só te resta — fogo, sal, tempero a gosto
mastigar pacientemente cada junta do alce
e aí engolir, regurgitar, engolir outra vez
alça por alça o alce, triturar seus ossos
fazer a poção — seguir viagem

quase um mapa

movido por suas vozes
focas que brincam nas águas
do lago Baikal
cruzei a pé
de Moscou ao Quirguistão
e de lá até a Sibéria

poemas escritos
mas não revelados
ficaram pelas estradas
no bojo dessa grande maternidade
chamada Rússia

à espera de vocês
Glória, Marina, Eva, Dolores

Sibéria

agora que as estradas afundam na neve, as agulhas
dos pinheiros despencam sobre a minha cabeça
feito navalhas

agora que o vento abre-fecha canivetes
o trilho da Europa até o Alasca desapareceu
sem deixar rastros

agora que a Revolução, a Nova Forma Prodigiosa
e tudo o mais virou poeira —
o poeta carrega nas costas um saco de carvão

OITO

o que me disse Tomek

Marina encontra um amigo

"Tomek, o polaco"
ou "Tomek, o último dos humanistas"
como também é conhecido
me disse:

1.
a questão crucial para todo exilado
é conciliar a delicadeza que ele precisa e merece
com a dureza que ele também precisa e merece.

2.
a única coisa que pode interromper o inevitável
processo de autodestruição causado
pelo panorama mais do que nunca desolador
é encontrar interlocutores à altura.

3.
a verdadeira interlocução não é de ordem subjetiva
mas objetiva. Você não se torna interlocutor
porque deseja, mas porque foi convocado.
A interlocução não existe "por você" ou "pelo outro"
mas porque uma terceira coisa se faz necessária.

4.
não é uma tarefa fácil. O telefone toca
no meio da noite e você não pode dizer
que está indisposta. É preciso atender.
Ou ele pode nunca mais tocar de novo.

5.
nem todos suportam.

outra conversa com Tomek

"É muito simples", ele disse.

"Cada ângulo é uma descoberta.
Quando a folha de acanto dobrou sobre si mesma
pela primeira vez, a pedra ganhou um novo plano
e o mundo tornou-se primavera.
Estou falando desses capitéis de mármore
que floresceram na Grécia
e outra vez na Europa a partir dos séculos X e XI
depois foram copiados por quase um milênio
nas estampas dos tecidos, nas fachadas dos edifícios
onde sobrevivem até hoje como detalhes
inofensivos, a que ninguém dá atenção."

Respondi a ele:

"Desde que o mundo se tornou primavera
minha vida é um trem desordenado
que para em sórdidas estações
no meio da noite e berra em desespero
feito carneiro em pele de lobo.
A qualquer hora entram bandos
de refugiados com panelas barulhentas
e uma ignorância e uma indigência
de congelar até as rãs.

Acordo na plataforma deserta
com fome tremenda e só lembro
de juntar capim para matar a sede.
Tento não enlouquecer.
Desde que o mundo se tornou primavera."

Tomek, um monólogo

A esse respeito
precisaríamos ter uma longa conversa
para a qual nossa vida de exilados
não tem deixado muito tempo.
Cada nova encomenda de trabalho
é bem-vinda, mas desgastante
pois nos afasta das tarefas verdadeiras.

Entretanto, considere os capitéis.

Eles foram inventados para fazer a passagem
entre o leve e o pesado — e a chuva
de arabescos indomáveis caindo
sobre colunas que um dia foram gregas
é simplesmente a prova
da força e da beleza necessárias.

Como isso se aplica ao nosso caso?

Não tenho resposta.
Na verdade, nada se aplica a nada.
Faz tempo o mundo tornou-se um pardieiro
de salas desconexas, cheias de múmias
e objetos de culto em que você tropeça
sem saber se vai emergir do outro lado.

A princesa egípcia, por exemplo.
Não há nada que você possa fazer por ela
nem ela por você. É melhor virar as costas
e esquecer galerias e museus.
A partir de agora aonde quer que você vá
haverá uma pedra à sua espera.
Nossa tarefa é entalhar essa pedra.

minhas diferenças com Tomek

Tomek é um caga-regras.
Ele insiste em pôr ordem na minha vida:
que eu acorde cedo e faça caminhadas
que eu seja didática como outros artistas.

"O ar do mar, a luz do céu! É disso que você precisa!" —
como se fosse escolha minha
viver atenta ao que se passa
nas cavernas submarinas.

———

Tomek ama a natureza.
Qualquer casca de árvore
é uma arca de alegrias.
Eu não.
A natureza me deprime.
Ela é muda exatamente
quando não poderia ser.

Tomek abre seu coração

Aqui reinaram os bisões.
Durante trezentos ou quatrocentos anos
pensando somente em copular e criar seus filhotes
eles se espalharam por planícies e florestas.

Como não conheciam predadores
(são necessários doze lobos para acuar um bisão)
estavam afeiçoados ao ar, à água, à pastagem
e se sentiam em casa neste pedaço da Terra.

Quando chegaram as carabinas de repetição
entraram em pânico
e a única coisa que lhes ocorreu fazer
foi cavar o chão com seus chifres.

Desde então, na terra pisoteada
não cresce uma folha de grama.

última fala de Tomek

Todas as coisas do mundo
carregam consigo uma ternura selvagem.
O primeiro passo é não temer o selvagem.
O segundo, remover a ganga de diamante e gordura
que a linguagem socou em cada um de nós.
Agora vem a parte mais difícil:
é preciso sonhar tudo de novo.

NOVE

noite em claro

de volta a Moscou
Boris anda pela sala

com xícaras alucinadas de café
com pilhas de livros estropiados
com lanternas lamparinas espiriteiras
e outras engenhocas concebidas
para acelerar o fogo

com lixas facas tábuas de corte
com raladores físicos e metafísicos
com cem mil pedacinhos de carvão em brasa
(e um triturador de cartilagens)

passo a noite em claro
desmontando as prateleiras

manhã de trabalho

depois de muito tempo
Boris volta a ter uma mesa

I

Agora me vejo reduzido
a ser espectro de poeta:
um andarilho sentado à mesa
revisando traduções.

A revolução — você me disse —
é um país com leis próprias:
ora nos engole, ora nos vomita.
Exatamente como o amor.

II

Com o dinheiro da última tradução
(desta vez coube-me Shakespeare)
comprei meio litro de azeite
e verti sobre o peito.
Massageei com força.
Vistos desse ângulo abstruso
pelo qual um homem perscruta
seus mamilos, eles me lembram
tufos de pinheiros distantes
mergulhados na neblina.
Penso em Macbeth
que se acreditava seguro
enquanto a floresta de Birnam
não marchasse até Dunsinane.
Eu sou o contrário.
Dei todos os passos e a floresta
não veio ao meu encontro.
Melhor virar um poeta chinês.

III

Não.
Melhor é trabalhar num armazém.

procura-se

um armazém que vende canoas furadas
um armazém que vende coletes salva-vidas embebidos
[em gasolina
um armazém que vende terra de cemitério

poema no imperativo

Boris tenta convencer Marina a viajar

Prepare comida para, no mínimo, quinze dias.
Cães com mais de mil anos vão correr e ladrar
rente ao seu carro e velhos afogados
vão implorar por uma gota de luz do sol.
Não ceda um milímetro.
Apanhe o isqueiro, o caderno, as galochas
e atravesse o que restou da Europa —
cidades infestadas de morcegos, lagoas
enferrujadas, esquinas onde jazem
professores e mendigos.
Num hospital de campanha vão te ordenhar o sangue
e a dor só vai te fazer mais bela
como essas árvores que balançam seus frutos
na beira dum precipício.

Teimosa como os suicidas
você procura a passagem de volta
para a encharcada terra russa.
Tome cuidado.
Desde que a pilhagem começou
os ares estão cheios de ratos
os esgotos
entupidos de aves de rapina.
As rádios propagam
um ódio mortal às mulheres:

- - . - - - . - - - . - - - . - - - . - - - . - - - . - - são bífidas
- - . - - - . - - - . - - - . - - - . - - - . - - - . - - - . - -
não devolvem o que pegam emprestado
etc. etc. etc.

Marina, minha irmã clandestina
cave um túnel, roube uma arma, resista —

bilhete para Afrodite

anotação encontrada numa gaveta

Vou devolver a saia de flores e a ocarina de prata.
Debaixo da terra esses presentes pegariam até mal.
Prefiro ser uma coisa qualquer: saco de juta, fiapo de lã
prego esquecido na areia. Debaixo da terra
meia dúzia de ossos pretos e por cima a tabuleta —
POETAS SÓ MORREM ASSASSINADOS

a fábrica

Marina trabalha durante a noite

Como a imperatriz Xi Ling Shi
que com perseverança descobriu a arte
de transformar bicho em seda —
fabrico ardentemente a minha corda

o que me perguntou uma larva de *Bombyx mori*

Por que não viver em estado de casulo
pendurada numa sala escura
junto a uma trave de madeira
em conluio com outros casulos

sugando somente ar e mansidão
movendo as antenas, cavando no vazio
um fiapo aqui, outro ali
filando ininterruptamente

de manhã à noite e vice-versa
descosturando-nos às avessas
transformando a pressa
em lúcidos fios de seda?

o novelo

Marina e os nevoeiros

Muitas vezes, viro um novelo —
o novelo se enrosca a tal ponto
que entala na garganta e incha
os túneis do meu pescoço

Muitas vezes, não acredito no que faço —
amarro e desamarro os cadarços, preparando
minhas botas para árduas peregrinações
que não sei quais são

Muitas vezes, não ouço a minha língua —
a névoa invade os ouvidos e eu
(ou quem responde em meu lugar)
viro uma fábrica de neblinas

conversa à beira da cova

Embora eu vá morrer aos quarenta e nove
e você aos setenta — em parte, clandestino
em parte, cercado de glórias —
jamais tomaria o seu lugar, Boris.

A beleza que nos resta é tão pobre:
a minha parte entrego ao vento.
De hoje em diante meu destino
tem a espessura de uma folha de papel.

rascunho encontrado num caderno

Já houve a grande guerra
a revolução — e a matança
está apenas começando

Não enxergo um palmo diante do nariz
mas escuto os móveis arrastados
para o meio da rua — lá vem a fumaça

Na barricada deste quarto
eu me penduro — nenhum
remorso, nenhum veneno

(isso não vale uma canção)

últimas vontades

Marina Ivánovna Tsvetáieva vai ser enterrada
numa vala comum no cemitério de Ielábuga.
Nem os filhos vão saber a que montículo
de terra dirigir suas lágrimas.

Quero que o meu corpo tenha o peso
de um papel de embrulho rasgado.
Minha memória, a teimosia
do mato que cresce num terreno baldio.

Na próxima caravana, Boris
quero ser o último camelo, o mais afastado
aquele sobre o qual lançam seus fardos
os carregadores preguiçosos.

Esse é o camelo mais bonito:
o que caminha à espera de um milagre.
A besta de carga da poesia.

penúltimo poema

adeus, bolsos repletos
de sinos, apitos, quinquilharias
cemitério de pequenos animais
abandonados no campo, adeus

sementes da árvore do paraíso
esquecidas no fundo da jaqueta
plantadas num quintal imaginário
fora dos muros da cidade

adeus, asas de gaivota, barcos
de veludo, canais de venezas portáteis
que viajam comigo como se fossem
malas encharcadas de lama, adeus

janelas, windows, Fenster, finestras
debruçadas sobre o mar escuro
das palavras que passam ao largo
lotadas de framboesas e azeitonas

adeus, línguas, cheiros, idiomas —
aqui eu me despeço de suas vozes

QUINZE ANOS DEPOIS

noite de insônia iluminada

Boris em Moscou
ouve o gesto de Marina

I

neste apartamento da Úlitsa Volkhonka
sou irmão do homem dos Urais
que entrou pela primeira vez numa caverna
e gravou na parede de pedra
os nomes

Glória, Marina, Eva, Dolores

e
com o nariz
com as orelhas
com as mandíbulas
com o osso sacro
e o ilíaco transformados
num archote
iluminou as figuras
da mulher que fabrica
da mulher que descasca
da mulher que enterra
da mulher que pare
da mulher que anda
da mulher que nada

da mulher que nada por cima e por baixo
da mulher que rasteja
da mulher que penetra
da mulher que multiplica
da mulher que carrega
da mulher que desliza
da mulher que incha e desliza
da mulher que escorrega
da mulher que rasga
da mulher que sacode
da mulher que sutura
da mulher que cavouca
da mulher que dilata
da mulher que transporta
da mulher que atravessa
da mulher que rebate
da mulher-palma
da mulher-ponte
da mulher-túnel
da mulher que abre as ruas
e inventa as cidades

//

pedra escura
pedra lavada
ouve o lamento que escorre
do preto de fumo
do preto de osso
do preto das flores mastigadas
nas cavidades da boca
dos ouvidos
e chora
por todas as humanidades perdidas
enquanto Marina toma impulso
empurra a cadeira e se larga
no ar
em 31 de agosto de 1941
num quarto de aluguel em Ielábuga

///

noite de insônia iluminada
a lâmpada do teto despenca —
machado aceso dentro do peito

e nos ossos do meu coração-caverna
cem mil pedacinhos de carvão em brasa
aguardam

Glória
Marina
Eva
Dolores

o relâmpago que atravessa
a pedra opaca em que nascemos

as testemunhas

ao saber da morte de Marina
Rilke no além-túmulo
convoca testemunhas

Ripas de madeira, é esse o banco
em que Boris e Marina se sentaram
e conversaram por horas sobre
lavas, vulcões, falhas geológicas?

Riscos na calçada, é essa a esquina
em que perderam tempo com belezas
sem sentido como Fra Angelico
pulvíscoli, mácula, cristalino?

Metal das bancas de jornal, lâmpadas
das ruas escuras, paradas de ônibus
catracas de trem e de metrô —
cantem tudo agora e para sempre

para entender o que temos a dizer
convém principiar
pelo ensino da delicadeza
e dos sinos

ESTA OBRA FOI COMPOSTA POR ACOMTE
EM MERIDIEN E IMPRESSA PELA GRÁFICA PAYM
EM OFSETE SOBRE PAPEL PÓLEN BOLD DA SUZANO S.A.
PARA A EDITORA SCHWARCZ EM AGOSTO DE 2025